AF598807

EL ÁRBOL Y LA VIDA

Y TRECE POEMAS MÁS

POEMAS PARA HELENA

Y OTROS NIÑOS

Pedro Martínez Casillas

Aliarediciones

Corrección: Eladia Guerrero
Diseño de cubierta: Jaime Galisteo
Maquetación: Aliar Ediciones

Depósito Legal: GR 1144-2024
ISBN: 978-84-10374-54-6

Impreso en España

Edita
ALIAR Ediciones
www.aliarediciones.es
info@aliarediciones.es

EL ÁRBOL Y LA VIDA

Y TRECE POEMAS MÁS

POEMAS PARA HELENA

Y OTROS NIÑOS

Pedro Martínez Casillas

EL ÁRBOL Y LA VIDA
Y TRECE POEMAS MÁS

1

El árbol está triste
porque los pájaros
no se posan en él.
Tiene flores amigas
que le dan leche y miel.

Pero el árbol necesita
otra vida. Un pájaro
que la comparta con él.
Mas no se atreve a llamarlo
por el miedo y la vergüenza
que siente en su sien.

El árbol es hermoso
y las flores le hacen bien.
Escuchan conciertos y óperas
y se deleita como un rey.

2

Árboles de seda
vuelan como un canario,
y llegan al cielo
donde encuentran
claveles y nardos
en un pequeño armario.

Nuestro triste ejemplar
no sabe por qué han subido,
y tiene envidia.
Vergüenza le da socializar
y subir él no ha podido.

No se atreve a ir con los otros,
pero le gustaría.
Su angustia le produce amargura,
mas no puede
salir de ella.

3

Las nubes se visten de rojo
a la llegada de los árboles.
El bosque se llena de sangre
a la luz del sol tardío
que asusta al árbol triste
y enardece su miedo
en lugar de su olvido.

4

Siempre está solo
y no saluda a nadie,
pues piensa que no lo conocen
ni reparan en él
cuando lo ven.

El árbol está equivocado
porque todos saben que existe,
pero piensan que es antipático
y a la vez maleducado.

La planta sufre
pero remediarlo no puede.
Los pajarillos siguen sin posarse
en él.
Cuando lo intentan
calla y se esconde
dentro de su ser.

5

Sus amigas las flores
lo quieren,
y con ellas lo pasa bien.
Cuando escuchan la música
el árbol es feliz.

Pero si están con otras desconocidas
ya se siente acomplejado
y le invade una terrible desazón
que lo deja atormentado.

6

El árbol tiene
una vida interior intensa,
a la vez que triste y de pena.

Una sensación terrible
le impide la comunicación
con los otros seres vivos.

No cuenta sus alegrías,
sus desgracias, sus temores...
Su vida es como un saco vacío,
gris, que lleva a la espalda
siempre y no consigue llenar.
Como un marinero
que no alcanza nunca la mar.

El árbol es muy sensible
y se emociona y llora con
los hechos más insignificantes.
Hojas que vuelan como libélulas,
palos que caminan con
pies de algodón...

Puede que viva sumido
en una galopante depresión,
aunque nadie se dé cuenta
de ello.

7

Las flores le echan pétalos alrededor
para embellecerlo aún más.
Él se siente reconfortado
y se lo agradece
con lágrimas de lluvia
que le salen del corazón.

8

Siempre ha querido morirse,
pues él no es como
lo que transmite.
Necesita un amor
al que confesarse,
aunque no sabe si podría.

Cuando llega la noche,
antes de dormir,
siempre reza la misma oración:
«Que me muera esta noche,
que me muera esta noche».

Pero cuando amanece y
se despierta, observa que
todo sigue igual.
Sus plegarias a la
madre naturaleza
son en vano, ilusorias,
y su pobre vida continúa
sin cambiar.

9

Pétalos de rosa,
tallos de alhelí,
¿dónde está mi
música hermosa
que me hace
ser feliz?

El bosque la lleva
suavemente,
con una brisa
de color nogal.
Las flores se acomodan
alrededor del árbol
que ya no puede más.

10

El árbol sentía
que le explotaban
las ramas,
por esa necesidad
de hablar
y contar lo que había
en su alma.

Pero sentía que era imposible.
Tendría que consultar
a un experto.
Pero para qué hacerlo
si no le podía expresar
su dolor.

—Agua que cae
y moja la tierra.
Tierra que se empapa
y hace florecer el bosque.
Pétalos de rosa y
tallos de alhelí
que llueven del cielo

e iluminan el bosque
de color carmesí.

Pajarillo mío
que no te dije
que te amo.
Llevadme al cielo
pues ya no puedo
vivir. —Fue la oración de
esa noche.

El árbol sacó sus raíces
de la tierra
y dejó de comer y beber.
Se secaba paulatinamente
y las flores amigas lloraban,
pues no quería ayuda.
Solo deseaba morir.

Al cabo de un mes
el árbol se tronchó.
Sus ramas se esparcieron
por el suelo del bosque,
y así con su vida acabó.

Todos los árboles
que le rodeaban,
sus amigas las flores
y los animalillos que
por allí pasaban a menudo
se acercaron a despedirlo
con la música que le gustaba.

Todos lo conocían
y sabían que
estaba allí.

TRECE POEMAS MÁS

1

Una bella ciudad
que se despierta a la una,
con colores de alhelí
y olores de aceituna.

Está habitada por frescos pájaros,
árboles y pipas color ensalada,
que cantan ópera y zarzuela
con una voz tornasolada.

La villa tiene un río
que la cruza de parte a parte
y brilla cuando hace frío
que parece una obra de arte.

Cáscaras de nueces cubren el suelo
y las picotean las aves
que detienen sus trinos verdes
para comerlas antes.

La ciudad se duerme pronto
con colores de crisantemo.

Los pájaros vuelan a sus nidos
y ven el fuego de san Telmo.

2

LA ROSA Y EL PERAL

En un peral de mi casa,
que tenía siete ramas,
floreció una rosa y,
¡ay, qué hermosa!

Pasaron varias libélulas
y le preguntaron que
por qué era tan bella.
La flor no supo responder
y contestó que se lo diría
al amanecer.

El árbol tenía sus frutos,
pequeños como un dedal,
y envidiaban a la rosa,
que lucía
en el centro del peral.

Era noche
y un lucero descendió

e iluminó el pequeño árbol.
La rosa, que dormía, se despertó,
levantó sus pétalos

y sacando su corola preguntó
por ese insolente resplandor.

Las perillas admiradas
dijeron que no sabían,
pues nunca había ocurrido
semejante preciosidad,
pero se deleitaban
sin la ardiente oscuridad.

La rosa no entendía nada,
pues si a las frutas
les gustaba,
a ella le acedaba.
Tenía sueño,
ya que había atendido
a muchos visitantes
que se acercaban
a preguntar el por qué
de su estancia entre perales.

Pasados unos días
la bella flor comenzó
a marchitarse.
Los pétalos colgaban
como lágrimas
recién emanadas de los ojos

y la rosa se dobló
sin haber formado un manojo.

Al siguiente día
cayó al suelo y murió.
Las perillas lloraron la pérdida
pero quedaron felices
por los deliciosos momentos
que les dio.

3

Una estrella cayó en mi ventana
y alumbró toda la alcoba,
pero estaba muy enferma
y pronto se apagó.

El astro celeste era violeta
y al oscurecerse
se tornó dorado como el sol,
mas ya no resplandecía
y a mí me estremeció.

Yo la cogí con mis manos
y la llevé al jardín.
Allí la enterré
en una pequeña fosa que cavé
y le puse una lápida de colores
en la que decía:
«Aquí yace la estrella
más bonita del firmamento».

4

Tengo un olivo verde
que cuido con ternura.
Le doy pan,
le doy agua
y me lo agradece con dulzura.

Pajarillos dorados
se posan en él,
y algunos hacen su nido
con paja, seda y miel.

El olivo verde da sombra
y es como mi hogar.
Duermo la siesta
bajo sus ramas
y me levanto muy a mi pesar.

Las ardillas también
viven en él,
y corretean por las ramas.
Parecemos una familia alegre
con grandes corazones
y almas.

5

En la lejanía
brillaba una esperanza.
Era suave, aterciopelada
y se movía sin cesar.
Me fui acercando
y pude observar
que era hermosa,
sabia y pudorosa.

La invité a ir a bailar
pero me respondió
que no podía,
ya que pertenecía
a una pequeña niña
que la esperaba para almorzar.

Entonces se fue adentrando
en el bosque
y cada vez resplandecía más.

Los árboles la saludaban
al pasar,

y el riachuelo
reía sin parar.

La esperanza era ágil
y se movía con cierto
gracejo y salero.
Esto gustaba
a la naturaleza,
cuyos integrantes
la aplaudían
y le echaban flores y acebo.

Por fin llegó a su destino
y la niña mucho se alegró.
Le dio un abrazo
mientras le decía:
—Te estaba esperando
con el corazón.

6

La princesa caminaba
con pies de algodón.
Salía de su alcoba
entre azufaifas y acerolas,
granadas y moras.

Se acercó un hermoso arrapiezo
que le preguntó
por qué iba descalza,
a lo que ella respondió
que no quería dar
un tropiezo.

Se dirigió a lueñes tierras
y encontró un glauco vergel.
Allí caminó
entre rosas y magnolias
y descubrió un vesperal.
Las flores lo empleaban
para cantar las vísperas
y afinaban que era
un primor celestial.

Con sus pies de algodón
anduvo por un calvijar

en el que se hallaba
un pequeño cardizal.

Cogió un ramito de jaras
que llevó con ella
hasta el firmamento
donde se encontró
con un hermoso lubricán.

Ya se sentía lasa,
por lo que se tumbó
a dormir en una nube.

La princesita, de alto coturno,
despertó al alborecer
y se halló bajo un domo
en el que sonaba una melopea
que le decía
que debía volver a su alcázar.

La niña bajó del firmamento
y sus pies de algodón
la llevaron a su radiante palacio
presto y sin dilación.

7

Mi paz está tranquila
tumbada sobre brotes
de algodón,
cuando se levanta camina
flotando sobre
el lúgubre malecón.

Pero se aleja en volandas
y, entre maniguas y jarales,
dispersa esa suerte apacible
que recogen las flores,
los cardos y los matorrales.
Cuando llega a un destino
sin rumbo,
se vuelve a recostar
sobre algodones.

Invoca a la madre naturaleza,
de cuya gola emerge
una saeta
que se ilumina con fresones.

Mi paz es fresca
y nunca queda arrinconada,
pues va en una barquilla
que aparece de la nada.

8

El alba canta a la aurora
sonetos de papel
y encuentra en su hermosura
la danza más pura
que imaginar se pueda.

Tres sonetos hablan de amores,
pero son sonetos de papel
y tienen melodía cerrada,
con acompañamiento de trombones,
espectadores de plata
y un arco de ébano que los cubre.

La danza es mágica
y resuelve con flexibilidad las dudas,
los rapaces la bailan con dulzura
y brillos de terciopelo y nácar.

Cuatro jinetes se acercan
y llegan a la aurora felices.
Cantan una oración celeste
que se escucha en las profundidades marinas

y las sirenas la recogen
envuelta en papel charol.

Los jinetes aprenden los sonetos
que, de papel, suenan a ámbar.
Los trombones tocan solos
por efecto de las alas de los ángeles
que descienden sin conflicto
hasta el alba y la aurora.

9

Frondosas colinas
que en la lejanía
se sienten como pañuelos
llenos de lágrimas.
Un fénix canta una extraña melodía
y lee las cartas que los árboles
envían a las montañas.

Capa de seda blanca
que en las colinas
roza, etérea, el azulado cielo
y sobre la que se deslizan
aves y ardillas
arropadas por bellos armiños
que llegan al firmamento
henchidos de alegría
y placer por la vida.

10

LA CÚPULA CELESTE

¡Qué bello el firmamento!
Con sus flores amarillas
y sus estrellas de colores.

Desde mi ventana veo
la palidez del otoño
reflejada en el cristal celeste
de la bella aurora.

Las flores se transparentan
a través de las estrellas,
y dejan olor a miel
y semillas dulces
que se entretejen
entre sí para crear
un paraíso
pintado con acuarelas,
como las pupilas
de un atardecer
en blanco.

La estación pasa
pero la cúpula celeste
se mantiene intacta.
La lluvia cae
con los colores de las estrellas,
pero con el azufre propio
de los mares sofocados,
y tiñen de oro
las danzas de los elfos
que habitan en los bosques.

Por mi ventana veo
la belleza etérea,
que se acerca desde el firmamento
y se refleja en el espejo
de mi habitación.

11

La paz del universo
es el aliento de mi pasión
—silente armonía—.

El corazón me palpita
cual gacela en el aire,
y deja un hálito a jazmines
—silente belleza—
henchido de ilusión.

La ilusión no me falta.
Tengo mi vida
que es como un arroyuelo
—silentes sonidos—,
que pasa de puntillas
por el zaguán alado.

Cuando la luna sale
—silente beldad—,
el alma me arrulla,
y no se queja
como las góndolas

que en el canal
se reflejan.

La pureza del afecto
no deja nada
al descubierto
—silente oscuridad—,
y entre las montañas se eleva
lleno de armonía, belleza,
sonidos, beldad y oscuridad.

12

Como un día de mayo
llegó esta lágrima
a mi mano.

La cogí con dulzura
y la guardé en un frasco.

La lágrima se escapó
—libre quería ser—,
y se sentó en la copa
de un pino.

Llegó el amanecer
y el rocío lo cubrió todo.
La lágrima se confundía con él
pero saltó del árbol
y se posó en una gacela
que pasaba por allí.
Esta la llevó muy lejos
y nuestra amiga se perdió.

Lloraba desconsolada
y a su frasquito
deseó volver.

Pero ya era tarde,
pues no sabía el camino
que tenía que recorrer.

Muy apenada
se quedó en una hoja
de un sauce.
Allí murió de tristeza
y no se supo
más de ella.

13

Amalia soñaba
que nadaba sola
en aguas marinas,
color esmeralda
bajo una azul luna.

La observó un príncipe
de hermosos cabellos,
color plata roja.

Miraba su cuerpo
blanquecino y suave,
pero no osó
decirle palabra.

La visión era tan
bella y delicada
que quedó prendado
de Amalia, sin duda,
pero de su boca
no podía salir
sentida palabra.

Triste pero alegre
marchó a su palacio
donde lo esperaba
desnuda Amalia.

POEMAS PARA HELENA
Y OTROS NIÑOS

1

Tengo una muñeca
en una cunita,
le canto una nana
y se queda solita.

Cuando la dejo
duerme feliz,
sueña con amapolas,
jacintos y una perdiz.

Al despertar de mañana
me cuenta sus sueños,
canta una canción
con tonos bellos.

Mientras estoy en el trabajo
juega con los pajarillos,
hace cabriolas
y visita sus nidos.

A mi vuelta a casa
me saluda con cariño,
me da besos de alhelíes
y me siento como un niño.

2

Yo quiero soñar con un caballito
de luz y de miel
que me haga volar
y me lleve hasta el infinito
para ver desde allí las estrellas,
y una fugaz que deslumbre
en el firmamento.

Yo quiero soñar con un castillo
hecho de pompas de jabón,
que exploten y se diluyan
cuando las mire y quiera tocarlas
la gente sin corazón.

Yo he soñado con la felicidad.
Era pobre y tenía lo justo para comer
pero la gente me quería
y yo la ayudaba en sus tareas.
Así ganaba algo de dinero
y lleno de dicha vivía.

3

Ven, niño de mi alma,
ven que te vas a perder,
y si eso ocurre
¿quién te dará de comer?

Ven, niño de mi corazón,
duerme en mi regazo
antes de que las palomas
lleguen y te echen el lazo.

Ven, niño querido, ven,
¿quién te va a amar más que yo?
El que diga que lo hace:
¡mal haya su corazón!

4

El cielo de terciopelo
no deja pasar el sol,
y Trudi está triste
porque siente dolor.

Helena la coge
y la acuna con dulzura,
aunque la muñeca le dice:
«Quiero ir a mi cuna».

5

—He perdido una estrella
en el cielo.

—No es posible,
están todas allí.

—Pero la mía es la más hermosa
y ya no la veo.

—Llámala y se acercará a ti.

—Pero no tiene nombre
y si digo «estrella»
pueden venir otras diferentes.

—Pues búscala en tu corazón
y allí la encontrarás,
porque seguro que no es
una estrella como las demás.

6

—Helena se casa.
—¿Que se casa Helena?
—Sí, Helena se casa.
—¿Y con quién se casa Helena?
—Helena se casa con un caballero.
—¿Con un caballero?
—Sí, con un caballero.
—¿Y quién es ese caballero?
—Un caballero muy galante.
—¿Muy galante el caballero?
—Sí, el caballero muy galante.
—¡Pues será el caballero del alto plumero,
con capa y sombrero!

7

EL GENIO

Por la calle arriba
va un geniecillo,
con los brazos abiertos
y enseñando el ombligo.

—Genio —le dice un zagal—,
concédeme un deseo.
—Frota la lámpara
y estaré en ello.

—Genio —le dice otro—,
hazme un favor.
—Frota la lámpara
y te haré dos.

El genio a todos burlaba
y de ellos escapaba.
Su dueño ya era conocido,
Aladdín se llamaba.

8

Había una barquita
con dos velas blancas
que brillaban con el resplandor del sol.

La barca era de Helena
y en ella con Sofía navegaba.
Las dos remaban con suavidad
y siempre adonde querían llegaban.

—Vamos hacia la derecha —decía Helena,
e iban a ese lado.
—Vamos hacia la izquierda —añadía Sofía,
y allí se dirigían.

La barca de las velas blancas
estaba muy feliz
pues lo pasaba muy bien
moviéndose de un lado para otro.

Las niñas gran leticia desbordaban,
pues la barca siempre respondía

y no solo con ella jugaban,
sino que a buen puerto las conducía.

Así pasaban las tardes de verano,
de un lado a otro con la barquita de velas blancas.
Al final la amarraban en el puerto
y a casa contentas llegaban.

9

Un mar chiquitito
lleno de colores
alberga diminutos peces,
flores, poemas
y frescos olores.

Helena lo visita
y disfruta con su mirar.
Huele, ve los peces,
lee la poesía que allí se haya
y continúa el deleite
con su fino cantar.

Cuando regresa a casa
recuerda lo vivido,
como un cuadro de luna
a través de una caracola
que no sabe de dónde
ha salido.

10

Papelillos de madera
que ríen de las sombras negras.
Pajarillos de hojalata
que entran por la puerta
de la estación
y no se quitan la bata.

Farolillos que cantan en colores
con una velita encendida dentro.
¡No os comáis a los pajarillos
que con vosotros están contentos!

Maderitas naranjas que miran las rosas
y vuelan deprisa para entrar en las olas.
Pero no se despintan
porque su tinte es de azafrán,
y hermosas y bien coloreadas están.

11

Oigo piar a los pájaros
con su trino mañanero,
pero Helena no se entera
porque duerme como un cielo.

Un gorrión va a la ventana
y toca el cristal con el pico,
Helena abre los ojos,
que parecen un abanico.

Los pajarillos trinan
una bella aria de ópera.
Es el *Caro nome* de *Rigoletto*,
que el levantar de Helena modera.

Después pian a coro
el brindis de *La Traviata,*
Helena lo canta con ellos
porque ya se ha puesto la bata.

12

Caminando por un jaral de oro
me encontré con una estrella
que me dijo:
—Sigue, no te entretengas.

Proseguí mi camino
y encontré a la luna.
Esta me dijo:
—Sigue, que es la una.
Seguí mi marcha
cuando encontré al sol,
que me dijo:
—Descansa, pues ya amaneció.

13

Un borriquillo
rebuznaba silencioso.
Tenía las orejas grandes
y escuchaba la radio
que llegaba de los Andes.

El animalillo cantaba
una silente canción
que entonaba con el rabo,
afinada y bien medida,
que le salía del corazón.

—Borriquillo ¿cómo te llamas? —
le dijo un niño muy golfo.
—Alberto —contestó el borrico,
orgulloso y contento
mientras se ponía el gorro.

El animalillo se fue a su casa
con sus amos, a los que amaba
pues lo trataban muy bien:
le daban de comer
y le hacían la cama.

14

NANA

A la luz de un candil
mi niña duerme,
entre sábanas de algodón
y copos de nieve.

Mi niña duerme, duerme mi niña.

El calor del verano
los copos derrite,
pero mi niña coge el agua
y se lava la cara con deleite.

Mi niña duerme...

Al levantar el alba
mi niña se despierta,
mas se vuelve a dormir
pues la casa está desierta.

Mi niña duerme...

Cuando, por fin, se levanta
se asea con dulzura,
toma leche con bizcochos
y alguna aceituna.

Mi niña se levanta, se levanta mi niña.

15

Una estrella de jabón
me robó el corazón,
no lo volví a ver,
pues las pompas de luna
lo tapaban sin razón.

El corazón no me pertenecía,
era de mi hija
que con todo se divertía,
incluso con él
pero siempre de día.

MI hija es una hermosa niña
que traspasa los jardines con dulzura
y mucho tiempo las flores duran
con sus tallos de cereza
a la sombra de una duna.

16

Una niña,
linda y muy bonita,
andaba por el campo
descalza, descalcita.

Iba feliz
con sus zapatos en la mano
y los árboles le preguntaban
por qué se los había quitado.

La niña no respondía,
pero contenta iba
porque buscaba un arroyo
para mojarse deprisa.

Una mariposa le dijo:
—Ven, es por aquí.
Ella la siguió
y enseguida alcanzó su fin.

La niña los pies se mojó,
pero pronto los secó
porque el agua estaba fría
y podía coger una pulmonía.

17

En un castillo de naipes
vive una princesita,
su nombre es Helena,
tiene muchos zapatos
aunque no los necesita.

Es la hija de la Reina de Picas,
una gran dama
y distinguida como no hay otra,
aunque su hija va por ese camino
todavía la cuida su ama.

El castillo es un peligro
pues algún jugador lo puede destruir,
pero la reina se las ingenia
para que los dejen
y no tener que huir.

Helena es muy feliz en ese castillo;
juega con los guardias y cocineros,
y cuando tiene sueño

se acuesta en un cuarto pequeño
que no tiene dueño.

Por las mañanas pasea
en sus brillantes corceles.
Va al colegio a caballo
y si el profesor la aburre
se duerme en los laureles.

18

POEMA ABSURDO

Una niña resalada
tenía una tía extraña y holgada
que a veces preparaba
pastel de piedras y menta helada.
Esta tía tenía detalles crónicos
que se reflejaban en el agua como un piropo,
pero ella no hacía caso
porque leía fábulas de Esopo.
A veces iba cargada de achares
que no sabía dónde meter,
y subía a los altares
porque no entendía qué hacer.
La niña la admiraba
pues de otra especie parecía,
y ella se entretenía
observando la original albañilería.

19

Con aroma de azahar
y abrigo de ormesí
salía la niña a pasear
con zapatos de organdí.

Por los aires parecía volar
pues el andar era suave;
en el camino encontró una rana
que salía de los matorrales.

—¡Bella y hermosa niña!
¿Adónde vas con esa dulzura?
—le preguntó un zorro
de poca estatura.

—Voy a la fulgorosa laguna
a bañarme en sus aguas calmas
y a llevar a esta pequeña rana
con su familia, a la cuna.

20

CUENTO INFANTIL

Un plato de ojos azules
muy saltones
andaba por la casa
sin bozal.
Tenía dos patitas cortas
pero que iban
a gran velocidad.
El plato era
de cerámica de Sèvres
y sería una pérdida irreparable
que se golpeara
y se rompiera las sienes.
Pero él no tenía miedo,
corría y saltaba de mesa en mesa,
de mueble en mueble,
haciendo piruetas y cabriolas
que a todos producían fiebre
pues temían que el intrépido plato
se hiciera añicos.

Al fin volvía a su alacena,
decorada por Juan Pascual de Mena,
y en él servían la cena
a una doncella pequeña.

Después pasaba a la cocina
para ser lavado
y con sus patitas de nuevo
quería escaparse empapado.
La sirvienta con mucho tino
lo agarró por las orejas,
lo secó a conciencia
y lo encerró en su hornacina.

21

¿Qué hace mi niña
en su dulce cuna,
con su carita de luna
y luz de media aceituna,
que no se levanta?

¿Adónde va
mi pequeña flor
con ese candor
y su silente olor,
que desprende un fragor
que nos despierta
y nos ilumina?

¿Dónde está
esa rosa roja
que al lucero se le antoja
y de rayos de plata se moja
desprendiendo fragancia de alhelí?

Mi casa está llena
de olores
que desprenden hermosos colores
y son de todos los sabores
de resplandor de luz eterna.

22

¿Cuándo será mañana
para ver el atardecer?
¿Cuándo será mañana
para ver la yerba crecer?

¿Cuándo será ayer
para verte nacer?
¿Cuándo será ayer
para darte de comer?

¿Cuándo será hoy
para llevarte al colegio?
¿Cuándo será hoy
para hacer un sortilegio?

¿Cuándo será el día
en que me des un beso
y me digas:
«Papi, cuánto te quiero»?

23

Los pajarillos vuelan como rosas de plata
y sienten el candor de los mares de flores.
Los pajarillos cantan como rosas de abril
y escuchan el atardecer antes de dormir.
El frescor de la arboleda da vida a los pajarillos
que contentos van de rama en rama y de flor en flor.
Surcan los campos llenos de leticia
y se posan sobre las rocas obscenas
que con sus pechos al aire
brillan con la hermosura de una cariátide griega
y saludan a los pajarillos que en ellas se posan.
Los pajarillos vuelan,
los pajarillos cantan,
los pajarillos escuchan,
los pajarillos surcan los campos,
los pajarillos se posan,
los pajarillos saludan.

Los pajarillos viven.

24

Yo tenía un pinar
con los pinos de colores,
yo sentía un trinar
de los pájaros de mis amores.

Una niña cantaba
al son de las avecillas
y disfrutaba con el mirar de los pinos
en sus mejillas.

Los colores brillaban
como soles enardecidos
y la arboleda callada
les decía «bienvenidos».

Una mariposa linda
se posó en una rama
y mi pinar se alegró
pues parecía una gran dama.

25

Dos corderitos peleaban
por un trozo de pan.
Eran hermanos
y no se hacían mal.
—Es mío —decía uno.
—No, yo lo vi primero —respondía el otro.
Y así estuvieron
un largo rato
hasta que pasó
por allí un gato.
—¿Qué os pasa? —los interrogó el animal.
—Que los dos queremos el pan —contestó el primero.
—Si queréis me lo puedo comer yo
y así no habrá problemas —añadió el gato.
—¡No, no! —gritaron los corderitos—.
Es nuestro
y es un manjar exquisito.
El gato, harto de la conversación,
se dio la vuelta
y se marchó.

—Para qué voy a guerrear
por un trozo de pan —se dijo—,
con lo ricas que están
las sardinas que
la tía Pura me hizo.

Mientras tanto
los corderitos seguían discutiendo.
—¡Vale, ya está bien! —intervino el primero—.
Lo repartiremos y
los dos comeremos.
—Me parece perfecto —respondió el segundo.
Y compartieron el pan:
uno comió la corteza
y el otro la miga.
Así quedaron felices
y en paz.

26

MI ASNITO

Dónde está mi asnito
que no lo veo.
Es un remansito de paz,
que es lo que más deseo.

Las aves nocturnas
no quieren volar.
Están cómodas en su nido
y prefieren descansar.

Dónde está mi asnito...

En mi casa hay tres duendes
que duermen en el palomar.
Este se halla muy alto
y da sombra por demás.

Dónde está mi asnito...

En mi jardín hay una fuente
de la que fluyen estrellas.
Mi asnito bebe allí
y juega con todas ellas.

Dónde está mi asnito...

Mi niña pequeña
quiere oírlo cantar.
Lo busca por todas partes
para ayudarlo a afinar.

Ya encontré a mi asnito,
que estaba junto al hogar.
Dormía tranquilamente
y se desperezó al despertar.

27

Un pececillo verde
nadaba bajo las aguas del río.
Estaba tan cansado
que casi no podía respirar,
por lo que se detuvo
y se puso a cantar.

Pero al no quedarle resuello
tuvo que parar
porque su delicada garganta
podía estropear.
Se encontró con un amigo
que le preguntó por su salud,
pues tenía mala cara
y casi no podía respirar.

El pececillo le contó
que estaba enfermo
y que no viviría mucho.
Se cansaba al mínimo esfuerzo,
no tenía ganas de comer
y dormía muy mal.

Pero seguía cantando
porque así era feliz.

Pues aprovecha lo que te queda,
disfruta y canta todo lo que puedas.
Así tu vida será más plácida
y tu ida más serena.

28

Un tomatito le dijo a
a su tomata:
«¿Quieres venir conmigo
a ver *La Traviata*?».

Ella le contestó
que no sabía
porque, de noche,
salir no debía.

El tomate insistió
y se ofreció a llevarla a casa,
pero ella dudosa estaba
porque podían hacerla salsa.

No debía llegar tarde
pues era una privilegiada.
Hasta ahora no la habían comido
ya que era muy agraciada.

Además, repuso ella,
nunca he escuchado esa música.

No sé si me gustará
pues solo conozco la de la misa.

Pues vamos a probar,
luego me das tu opinión,
y si no te place
te cantaré una hermosa canción.

29

—¡Hola, cariño!
¿Dónde has estado?
Te he llamado
durante toda la mañana
y no me has contestado.
—He estado en el cielo
con las estrellas fugaces,
que van muy deprisa
y son muy locuaces.
Y he visto a un hombre
de hojalata.
—Pues será el de
El mago de Oz,
que es buena persona,
nunca levanta la voz
y así no da la lata.

30

Cabalgando por los aires
Helena sueña
con las gotas de rocío
que el alba lleva.

Cabalgando por los mares
Helena duerme,
soñando con medusas
que contentas la mecen.

Cabalgando por la tierra
Helena despierta
y las flores la arrullan
antes de la siesta.

31

Una casita de cristal
en medio de un bosque
y hogar de un hada buena
que se peina sus cabellos
rubios y ondulados
como el mar en una alameda.
Se llama Irene
y canta ópera y lieder.
Cuando llama a los animalillos
que en el bosque viven,
emite un si bemol
y ellos la entienden.
—Irene ¿qué pasa? —le pregunta el zorro.
—Voy a hacer una fiesta.
Ya que he aprendido nuevos hechizos
y os los quiero mostrar bien dichos.
—¡Qué bien! —interviene un abejorro—,
creíamos que pasaba algo grave.
Irene los tranquilizó
y después de hacer
varios movimientos con su varita
en la cabeza les dio.

—Ahora id corriendo
y contádselo a los demás:
el jueves a las siete
la fiesta en mi jardín será.
Irene siguió cantando.
Un gamo al piano
la iba acompañando,
pues tenía que preparar el recital
que daría en la fiesta
para celebrarlo.

32

Los piececitos descalzos
con un corazón de amor.
Así va mi niña
por el incólume verdor.
Un marinero se acerca
y le regala pescado fresco.
Mi niña de tela verde
va volando sobre la mar
a meterlo en un cesto
que una estrella ha de alumbrar.

Índice

El ÁRBOL Y LA VIDA Y TRECE POEMAS MÁS

TRECE POEMAS MÁS

POEMAS PARA HELENA Y OTROS NIÑOS

Este libro se terminó de editar en Granada
en agosto de 2024 por

www.aliarediciones.es

info@aliarediciones.es